Este libro le pertenece a:

....

Copyright © BPA Publishing Ltd 2020

Autora: Pip Reid

Ilustrador: Thomas Barnett

Director creativo: Curtis Reid

www.biblepathwayadventures.com

Gracias por apoyar a Bible Pathway Adventures®. Nuestra serie de aventuras ayuda a los padres a enseñarles a sus hijos sobre la Biblia de una forma divertida y creativa. Diseñada para toda la familia, la misión de Bible Pathway Adventures es reintroducir el discipulado en los hogares de todo el mundo. ¡La búsqueda de la verdad es más divertida que la tradición!

Los derechos morales de la autora y el ilustrador han sido declarados. Este libro está protegido por copyright.

ISBN: 978-1-989961-27-8

La bruja de Endor

Las aventuras del rey Saúl

"No sea hallado entre los tuyos quien sacrifique a su hijo o a su hija en el fuego, ni quien practique la adivinación, la brujería o la hechicería; ni quien sirva de médium espiritista o consulte a los muertos..." (Deuteronomio 18:10-11)

Hace mucho tiempo, cuando los jueces gobernaban la tierra de Israel, vivía un gran juez hebreo llamado Samuel. Samuel era mucho más que un juez; ¡también era profeta y comandante del ejército!

Cuando Samuel envejeció, nombró jueces a sus hijos para que lo ayudasen a gobernar al pueblo. Pero sus hijos hacían lo que les venía en gana. Amaban al dinero más que a Dios y tomaban decisiones incorrectas si se les sobornaba. Finalmente, los israelitas se cansaron del mal comportamiento de los hijos de Samuel. Acudieron a Samuel y le dijeron: "Eres viejo y tus hijos se comportan mal. Danos un rey para que nos gobierne, como en las otras naciones".

"No necesitáis un rey que os gobierne", les dijo Samuel, molesto. "Yah, el Dios de Abraham, Isaac y Jacob, es su rey". Pero no importaba lo que dijera, la gente no escuchaba e insistían en tener un rey.

Para sorpresa de Samuel, Dios le dijo: "Escucha a tu pueblo y haz lo que te pide. Dales un rey, pero adviérteles lo que un rey hará".

"Un rey os hará tener vidas miserables", dijo Samuel a la gente. "Reclamará la décima parte de las cosechas y del ganado, y os convertiréis en sus esclavos". Pero los israelitas se taparon los oídos, negándose a escuchar. "Danos un rey que nos gobierne", clamaban.

Samuel no se atrevió a elegir un rey él mismo. Esperó a que Dios eligiera al hombre indicado. De las doce tribus de Israel, Dios escogió a un hombre llamado Saúl. Era alto y apuesto, y lucía exactamente como un rey. "Dios te ha nombrado rey de los israelitas", dijo Samuel a Saúl. Y derramó aceite de oliva sobre la cabeza de Saúl para ungirlo como rey. "Tu misión será gobernar a este pueblo y protegerlo de sus enemigos".

¿Sabias que?

Muchas personas creen que hay formas diferentes de pronunciar el nombre de Dios. Estas incluyen, por ejemplo, Yah, Yahweh y Yahuah.

Samuel reunió al pueblo de Israel en Mizpa para que diera la bienvenida a su nuevo rey. "Dado que habéis rechazado a Dios como vuestro rey, Dios ha escogido a un hombre llamado Saúl, de la tribu de Benjamín, para gobernaros", anunció Samuel.

Pensaréis que Saúl estaría entusiasmado por convertirse en rey. Pero en realidad tenía mucho miedo. Se escondió entre las tiendas para que no lo pudieran encontrar. Los israelitas corrieron a buscarlo y lo llevaron ante el pueblo. "Éste es el hombre que Dios ha escogido", gritó Samuel. "¡Larga vida al rey de Israel!", gritaron todos los presentes.

Saúl no sabía lo que significaba ser rey. Cuando necesitaba saber qué debía hacer a continuación, pedía la respuesta a Dios. A veces Dios le respondía en sueños; en otras ocasiones, lo hacía a través de Su profeta Samuel. Pero Saúl no siempre escuchaba a Dios.

¿Sabías que?

El rey Saúl era el hombre más alto de la tierra de Israel. ¡Medía casi siete metros de altura! (1 Samuel 9:2)

Un día, Saúl reunió a los israelitas en Guilgal para enfrentarse a sus enemigos, los temibles filisteos, quienes tenían miles de carruajes e incontables soldados. Los soldados de Saúl estaban aterrorizados; huyeron para salvar sus vidas y se escondieron en cuevas, torres de vigilancia y agujeros excavados en la tierra.

Samuel le envió un mensaje a Saúl: "No pises el campo de batalla hasta que hayamos hecho un sacrificio a Dios". Sin embargo, transcurrieron muchos días y Samuel no se presentó para llevar a cabo el sacrificio. Saúl no quiso esperar más y realizó el sacrificio él mismo. Nada más terminar, llegó Samuel. "¿Qué has hecho?", gritó.

"Los filisteos están listos para atacar y mis soldados están huyendo", dijo Saúl. "Dijiste que vendrías, pero no lo hiciste, así que llevé a cabo el sacrificio yo mismo".

"¡Estúpido!", exclamó Samuel. "Si hubieras obedecido las instrucciones de Dios, Él habría dejado que tú y tus descendientes gobernaseis Israel para siempre. Pero dado que le has desobedecido, Dios encontrará a otro hombre para gobernar el reino de Israel".

Pasaron muchos años, y Samuel envejeció y se debilitó. Cuando murió, los israelitas se reunieron y lo enterraron en su ciudad natal, Ramá. Saúl también estaba muy triste. *"¿Quién me ayudará a gobernar el pueblo de Israel?"*, se dijo. Su temor era que no pasaría mucho tiempo antes de que los filisteos atacaran nuevamente a los israelitas.

Efectivamente, Saúl no tuvo que esperar demasiado. Una vez más los filisteos aparecieron a lo lejos, listos para la batalla. Cuando Saúl avistó el enorme ejército filisteo, su corazón se estremeció. Había incluso más soldados y más carruajes que en la batalla anterior.

"¿Qué voy a hacer?", se lamentó Saúl. ¡Necesitaba la ayuda de Dios con rapidez!

Trató de hablar con Él, pero Dios no respondió; ni en sueños, ni a través de profetas, ni por boca del Sumo Sacerdote. Todo lo que oyó fue el silencio.

¿Sabías que?

Samuel era nazareo. Fue dedicado a Dios cuando era niño y nunca se cortó el cabello. (1 Samuel 1:11)

El rey Saúl pasó la noche dando vueltas en su lecho. *"¿Por qué Dios no me contesta?"*, se preguntaba. *"Si Samuel estuviera aquí, me diría qué debo hacer"*.

Poco después, Saúl ideó un plan terrible. Aunque había expulsado de Israel a las brujas y los hechiceros, dijo a sus sirvientes: "Encontrad a una mujer que pueda predecir el futuro hablando con los muertos. Tal vez ella me pueda decir cómo derrotar a nuestros enemigos".

"Hay una bruja que vive en una cueva cerca de Endor", dijo uno de sus sirvientes. "Vayamos a verla". Los ojos de Saúl se iluminaron, pues la idea le gustó. "¡Sí! Ella puede hablar con Samuel en mi nombre", aventuró. Pero el plan de Saúl no agradaba a Dios.

Saúl no perdió el tiempo. Se despojó de su armadura de batalla y se enfundó un disfraz especial, para que nadie supiera que era el rey.

Cuando anocheció, Saúl y sus sirvientes abandonaron el campamento a escondidas y se dirigieron a Endor. Discretamente, sortearon a soldados listos para la batalla y recorrieron veredas estrechas y sinuosas. Una nube negra cubrió la luna y un viento frío comenzó a soplar. Fue un viaje oscuro y peligroso.

Pronto llegaron a una cueva enorme. "Aquí es donde vive la bruja de Endor", dijo uno de los sirvientes de Saúl. Los hombres trataron de echar un vistazo desde donde se detuvieron en la entrada. "¿Hay alguien?", gritó Saúl hacia el interior. "No temas, sal aquí con nosotros".

De repente, una figura vestida de negro surgió de la cueva. Su cabello largo y gris flotaba al viento. Saúl y los hombres se quedaron sin aliento. No podían creer lo que veían sus ojos. Frente a ellos se encontraba la malvada bruja de Endor.

La bruja miró de arriba a abajo a sus visitantes. Señalando con un dedo a Saúl, dijo enojada: "¿Quién eres? ¿Qué quieres de mí?". Saúl nunca había estado tan nervioso en toda su vida. Antes de hablar, inspiró profundamente. "Deseo conocer el futuro", dijo. "Necesito que me traigas a alguien de entre los muertos".

La bruja contempló a Saúl con suspicacia. "El rey ha obligado a las brujas a abandonar la tierra de Israel. ¿Tratas de engañarme para que me maten?". La bruja no había reconocido a Saúl envuelto en un viejo manto de lana. ¡Su ingenioso disfraz había funcionado!

¿Sabías que?

Dios prohíbe la brujería. Dios claramente ordenó a su pueblo que nunca consultaran a una bruja o médium, pero Saúl ignoró esta instrucción. (Levítico 19:31)

"No te preocupes", le dijo Saúl a la bruja, mientras se ceñía el manto. "Vive Dios que no tendrás problemas con el rey por hacer esto". La bruja se rascó la barbilla y reflexionó brevemente. "¿A quién debo traerte de entre los muertos?", preguntó. Saúl contestó: "Trae al profeta Samuel".

Tomando a Saúl del brazo, la bruja condujo a los hombres al interior de la cueva. Los visitantes miraban todo a su alrededor con asombro. Telarañas gigantes cubrían las paredes. Una fogata crepitaba en mitad de la gruta, y su luz hacía brillar un sinfín de tarros con pociones.

Impaciente, Saúl iba de un lado para otro de la cueva. "No podemos perder ni un minuto más", dijo. "Tráeme al profeta Samuel ahora".

Dirigiendo una sonrisa malévola a Saúl, la bruja se inclinó sobre el fuego y comenzó a recitar extrañas palabras. El corazón de Saúl retumbaba atemorizado, pues sabía que no estaba permitido intentar comunicarse con los muertos.

Momentos después, figuras fantasmales comenzaron a aparecer en el exterior de la cueva. Cuando la bruja vio a Samuel, gritó y le dijo a Saúl: "¿Por qué me has engañado? ¡Tú debes de ser el rey de Israel!".

"No tengas miedo", le respondió Saúl, "y dime lo que ves". La bruja miró horrorizada a las cegadoras figuras. "Veo seres etéreos que salen de la tierra". Los ojos de Saúl se abrieron de par en par. "¿Qué aspecto tienen?", preguntó. "Hay un hombre anciano vestido con una túnica", indicó la bruja.

Saúl contempló al anciano a través de la neblina. "Este debe de ser el profeta Samuel", dijo, y cayó al suelo, presa del pánico.

"Saúl, ¿qué estás haciendo?", tronó Samuel. "¿Por qué me has despertado de mi sueño?". Saúl se puso en pie y miró ansiosamente a Samuel. "Tengo problemas muy graves", dijo. "Los filisteos se disponen a atacarnos. Dios ya no me habla, ni en sueños ni a través de los profetas. ¿Qué debo hacer?".

"¿Por qué me lo preguntas a mí?", exclamó Samuel. "No hay nada que puedas hacer. Desobedeciste a Dios y Él entregó tu reino a otro hombre. Dios ha anunciado que tú y tus hijos pronto moriréis, y los filisteos derrotarán a tu ejército".

Sin añadir palabra alguna, Samuel regresó a su morada final en la tierra. Saúl estaba tan asustado que no podía hablar. Sus piernas temblaban como gelatina y nuevamente cayó al suelo. ¡Por nada del mundo quería luchar contra los temibles filisteos!

¿Sabías que?

Samuel fue el último juez de Israel (Hechos 13:20). Ungió a los dos primeros reyes de Israel: David y Saúl.

Antes de que Saúl y sus hombres regresaran al campo de batalla, la bruja preparó una comida para que el rey recuperase sus fuerzas. A continuación, volvieron raudos al campamento, para enfrentarse a los poderosos filisteos.

Al amanecer, los filisteos atacaron a los israelitas de nuevo. Con un bramido atronador y envueltos en una gran nube de polvo, arremetieron con sus carruajes y sus jinetes contra los israelitas.

Llevados por el pánico, los israelitas corrieron para escapar tan rápido como pudieron. Pero los filisteos estaban decididos a matar a Saúl. Lo persiguieron con espadas, flechas y afiladas armas hechas con bronce.

¿Sabías que?

Los filisteos eran muy religiosos. Celebraban las victorias en sus templos y, a menudo, llevaban a sus ídolos dioses a la batalla. Estos dioses falsos incluían a Dagón, el dios pez. (2 Samuel 5:21)

Mientras Saúl y su escudero trepaban por un escarpado risco, un arquero filisteo le disparó sus flechas. El rey se cayó y golpeó fuertemente contra el suelo.

¡CATAPLUM!

Tumbado boca arriba, Saúl contempló el cielo. Sabía que los israelitas no eran rival para los poderosos filisteos. Dirigiéndose a su escudero, dijo: "Mátame con tu espada. Si los filisteos me capturan, me torturarán cruelmente". El escudero sacudió la cabeza. "No", contestó. "No me atrevo a matar al rey de Israel".

Saúl no podía esperar más. Desenvainó su propia espada y se lanzó sobre ella. Cuando el escudero vio que Saúl estaba muerto, le imitó para morir con él. Y así sucedió que Saúl y sus tres hijos murieron ese día, tal y como Samuel había vaticinado.

Al día siguiente, los filisteos volvieron al campo de batalla y localizaron los cadáveres de Saúl y de sus hijos. Los soldados les cortaron las cabezas y colgaron los cuerpos en la muralla de la ciudad de Beit She'an, para que todos pudieran verlos.

La noticia de la muerte de Saúl se propagó rápidamente por todo Israel. Cuando los habitantes de Jabes de Galaad se enteraron de que su rey había fallecido, se enojaron.

"¡¿Cómo osan los filisteos matar a nuestro valiente Rey?!", exclamaron. "¡Debemos encontrarlo y traerlo de vuelta a casa!".

¿Sabías que?

Durante esta época no había herreros en la tierra de Israel. Los israelitas llevaban sus herramientas de hierro a los filisteos para ser afiladas.
(1 Samuel 13:20)

Los hombres más fuertes de la aldea se pusieron en marcha. Esa noche, mientras todos dormían, montaron en sus caballos y se dirigieron presurosos hasta Beit She'an. Allí, bajaron los cuerpos de Saúl y de sus hijos de la muralla, los ataron a sus caballos y galoparon de regreso antes de que los filisteos se dieran cuenta de lo sucedido.

Esa semana, los israelitas dieron sepultura a Saúl y a sus hijos bajo un árbol en la aldea. Lloraron y guardaron luto por su amado rey. No podían creer que el rey de Israel estuviera muerto.

Incluso los reyes necesitan confiar y obedecer las instrucciones de Dios y seguir Sus Caminos.

FIN

¡Prueba tu conocimiento!
(Empareja la pregunta con la respuesta correcta en la parte de abajo de la página)

PREGUNTAS

¿El rey Saúl era el rey de qué pueblo? ....

¿Qué ejército quería enfrentarse a los israelitas? ....

¿Por qué el rey Saúl quería hablar con una bruja? ....

¿En qué pueblo el rey Saúl habló con una bruja? ....

¿A quién le pidió el rey Saúl a la bruja que levantara de su tumba? ....

¿Por qué el rey Saúl quería hablar con Samuel? ....

¿Qué le dijo Samuel al rey Saúl? ....

¿En qué parte de la Biblia Dios prohíbe hablar con los muertos? ....

¿Qué pasó con el rey Saúl después de que visitó a la bruja de Endor? ....

¿Cómo murió el rey Saúl? ....

RESPUESTAS

1. Los filisteos
2. Endor
3. Deuteronomio 18
4. Saúl y sus hijos morirían
5. Cayó sobre su espada
6. Los israelitas
7. Fue a la batalla contra los filisteos
8. Al profeta Samuel
9. Para saber el futuro
10. Para saber cómo vencer a los filisteos

Completa la sopa de letras

SAÚL
ENDOR
BRUJA
PROFETA
SAMUEL

FILISTEOS
ISRAELITAS
REY
BATALLA
EJÉRCITO

```
I R E Y P B H K S F
E S J N R R E E A I
Z J R U Z U V N M L
E T É A A J C D U I
I C H R E A Z O E S
C D S O C L D R L T
F R J A L I I R T E
A D N P Ú S T T C O
B A T A L L A O A S
U O P R O F E T A S
```

Bible Pathway Adventures®

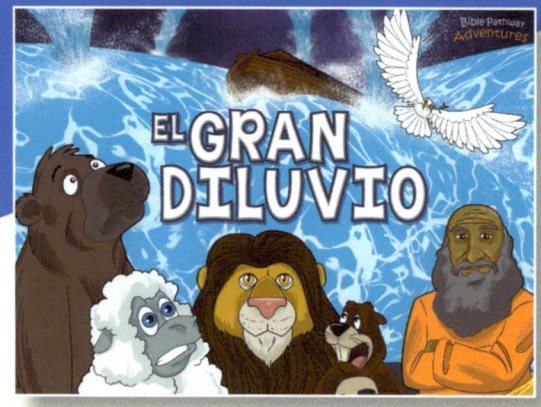
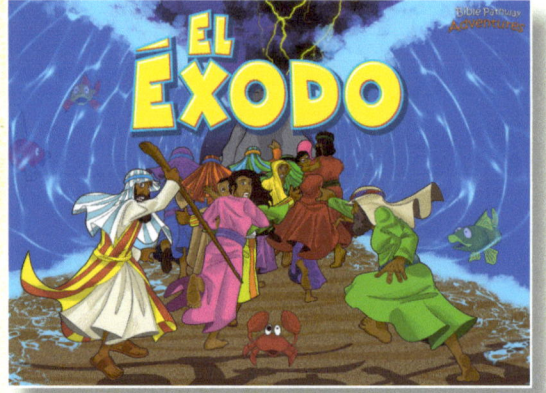

Salomón

El Éxodo

La huida de Egipto

Enfrentándose al Gigante

El Gran Diluvio

La Novia Elegida

El Nacimiento del Rey

Tragado por un pez

¡Naufragio!

Vendido como Esclavo

Arrojado a los Leones

Salvado por un Asna

El Rey Resucitó

¡Descubre más historias de la Biblia de Bible Pathway Adventures!

Consulte los libros de actividades de Bible Pathway Adventures

IR A

www.biblepathwayadventures.com

www.ingramcontent.com/pod-product-compliance
Lightning Source LLC
Chambersburg PA
CBHW040319100526

44583CB00004BB/161